バイエルの曲だからピアノも上達！

CDつき

毎日使える 0〜5歳児の 保育のうたあそび

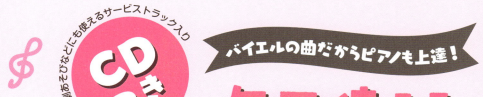

滝川弥絵／著・作詞

はじめに

子どもたちを音楽で引き付けたい！
楽しませたい！
だけどピアノは苦手だから無理無理、
とあきらめかけているあなた、
ちょっと待ってください！
ピアノ初心者の多くが学ぶ
あのバイエルの曲に楽しい歌詞を付けて、
うたあそびにしちゃったんです！
バイエル程度しか弾けないので…という人。
バイエルが弾けるならあなたはもう、立派なうたあそび名人になれるんです！
バイエルすら…という人は、ぜひこの本で、再挑戦してみてください。
じょうず、へたなんて気にしないで。
子どもたちとつながろう、ネタを増やそうという気持ちさえあれば、
びっくりするほどラクラクに弾けるようになりますよ！
ピアノに自信のある人も、たくさんの新しいうたあそびがレパートリーに！

CONTENTS

- はじめに……………………………………… 1
- この本の特長と見方 ………………………… 4

第1章　ふれあいあそび　5

1. バイエル16番　ねずみとネコ ……………… 6
   - ●ネコが………来た!!　●近づくネズミと眠るネコ‥ 7
   - ●ネズミが歩く
2. バイエル23番　お化けの　てんぷら ……… 8
   - ●増えてくお化け ……………………………… 9
   - ●「お化けのてんぷら」手あそびver.
3. バイエル27番　おどかしちゃうよ ………… 10
   - ●マネできるかな?!　●ロケットごっこ ………… 11
4. バイエル47番　肩もみしてあげる ………… 12
   - ●肩もみし合おう　●床屋さんに行こう ………… 13
5. バイエル50番　こんにゃく体操 …………… 14
   - ●リラックス体操　●ヘンテコな体操 …………… 15
   - ●いっぱいふれあおう
6. バイエル55番　べんりなロボット ………… 16
   - ●シャンプーロボット　●お手伝いロボット …… 17
7. バイエル56番　せなかの　ふね …………… 18
   - ●揺れる　ふね　●おひざの　ふね　●子どもの　ふね‥ 19
8. バイエル58番　ペンギンさん ……………… 20
   - ●シャチから逃げよう　●ペンギン親子 ………… 21
9. バイエル64番　ホホホ　ほっぺた ………… 22
   - ●「ホホホ　ほっぺた」手あそびver. …………… 23
   - ●これな〜んだ?　●つまんじゃうよ
10. バイエル93番　ぐるぐる　かいがら ……… 24
    - ●やどかりダンス ……………………………… 25
    - ●「ぐるぐる　かいがら」手あそびver.

コラム　バイエルのうたあそびは、保育に役だつ!
保育に役だつ!　の巻 ……………………… 26

第2章　ゲーム　27

1. バイエル18番　はしれ!　でんしゃ!! …… 28
   - ●橋になっちゃう　●ながーい電車になろう ……… 29
   - ●電車になって進もう
2. バイエル20番　いたずらきつね …………… 30
   - ●グーチョキパーに化けよう …………………… 31
   - ●何に化けたかわかるかな?　●まねっこキツネ
3. バイエル31番　ひーこら　自転車 ………… 32
   - ●パンクしないように　●目ざせ!　ロケット …… 33
   - ●止まれるかな?
4. バイエル38番　おねぼうさん ……………… 34
   - ●おはよう!　●おねぼうさんに捕まるな ……… 35
   - ●いそいで準備しよう
5. バイエル42番　メデューサの伝説 ………… 36
   - ●石にされてしまうよ　●石のふりをしよう …… 37
6. バイエル43番　月夜の晩は気をつけて …… 38
   - ●目覚めたオオカミ男にご注意を ……………… 39
   - ●オオカミになっちゃった
7. バイエル51番　宅配便です! ……………… 40
   - ●荷物を運ぼう　●長いトラック ……………… 41
   - ●速く荷物を届けるぞ!
8. バイエル60番　きょうは雨ふり …………… 42
   - ●雨だ!!　●「きょうは雨ふり」手合わせver. … 43
9. バイエル61番　メリーゴーラウンド ……… 44
   - ●目を回さずに　●みんなで回ろう …………… 45
   - ●ウマやウサギになろう
10. バイエル66番　ハエのバラード …………… 46
    - ●殺虫剤にや、やられた…　●合図をよく聞いて … 47
11. バイエル76番　宇宙人がやってきた ……… 48
    - ●小さくなるよ　●さわられちゃったら…? …… 49
    - ●○○になっちゃった!

コラム　バイエルのうたあそびは、保育に役だつ!
ピアノのスキル向上に役だつ!　の巻 ……… 50

どの曲にも 遊び方バリエーション をたくさん入れました！
- 0・1・2歳児向け　● グループで　● 歌詞を変えて　など

第3章 ダンス、まねっこ、音あそび　51

1. バイエル 21番　のしのし　ゾウさん ……… 52
   - 握手しよう　● すやすや　おやすみ ……… 53
   - どこで握手しようかな？
2. バイエル 25番　カニ　ダンス ……………… 54
   - 優雅なカニダンス ……………………… 55
   - ひとりダンスでクルクルクル
3. バイエル 35番　不思議なおふろ ……… 56
   - 魚になってスーイスイ♪ …………… 57
   - だんだん何かに変わります？！　● 体を洗おう
4. バイエル 40番　森の小さな音楽会 ……… 58
   - ポンポン　リンリン　● リズムに合わせて ……… 59
   - リズム打ちをしてみよう　● だれの音楽でしょう？
5. バイエル 48番　おしりボール ………… 60
   - おしりで飛ばそう　● おしりでポーン ……… 61
   - おしりを押したら
6. バイエル 52番　はっぱのダンス ……… 62
   - くるくるダンス　● みんなで踊ろう ……… 63
7. バイエル 57番　こっそりトレーニング！ … 64
   - 指のトレーニング　● 眉毛のトレーニング
   - 全身トレーニングをしよう　● ひらいて　とじて ……… 65
8. バイエル 59番　お化けのダンス ……… 66
   - ゆるふわダンス　● 長いお化けになろう ……… 67
9. バイエル 67番　あわてんぼうさん ……… 68
   - あ！　忘れた！　● ○○の前に ……… 69
10. バイエル 91番　歩きましょ♥ ……… 70
    - 出会って別れて　● いろいろ歩き ……… 71
    - ○○しましょ

コラム　バイエルのうたあそびは、保育に役だつ！
子どもの成長に役だつ！　の巻 ……… 72

おまけ ちょこっと うたあそび　73

1. バイエル 8番　ぶんぶん　ミツバチ ……… 74
2. バイエル 11番　あけますよ
3. バイエル 29番　だれでしょう ……… 75
4. バイエル 34番　みつけよう！
5. バイエル 37番　右手　左手 ……… 76
6. バイエル 39番　すやすや　ねむろ
7. バイエル 77番　うー　どこでしょう！？ … 77
8. バイエル 83番　いたずら　こびと
9. バイエル 88番　きいてみよう♪
10. バイエル 92番　おちる　おちる ……… 78
11. バイエル 96番　おかおで　じゃんけん
12. バイエル 98番　号令ゲーム
13. バイエル 97番　あてっこゲーム ……… 79
14. バイエル 104番　口パク　ゲーム

この本の特長と見方

バイエルのうたあそびは…

- ✓ 1 保育に役だつ
- ✓ 2 ピアノのスキル向上に役だつ
- ✓ 3 子どもの成長に役だつ

3つのいいことが!!

詳しくは、→ P.26, 50, 72 のコラムへ

1 3 バイエルの曲を使っている

すべてバイエルの曲だから、カンタンに弾けるのはもちろん、クラシック音楽のエッセンスが詰まったバイエルを保育に取り入れることで、子どもたちの音楽的能力を伸ばすこともできます。

2 弾き方のポイントと"できるようになること"

初心者へのアドバイスや、この曲がどういう目的の練習曲なのかがわかります。

1 ちょこっとピアノ術

うたあそびだけでなく、劇あそびのBGMやお昼寝の時間にもピッタリの曲がたくさん! 知っておくと便利なピアノ術です。

1 3 遊び方バリエーション

子どもたちが大好きな遊びを集めました! 楽しみながら、聴く力や集中力、コミュニケーション力、身体能力などを高めます。

1 3 ちょこっとうたあそび

バイエルの曲の2小節か4小節だけを使ったサッとできる遊びを紹介!

CDつき

CDつきなので、遊ぶときにかけて子どもといっしょに遊んでもOK! ピアノを弾く前に聴いて、イメージをつかんでもいいですね。また、劇あそびのBGMやお昼寝のときのBGMにもおすすめです。

第1章

ふれあいあそび

くすぐったり、ハグしたり…たくさんの友達や先生と
ふれあうあそびをギュッと詰め込みました。

ふれあいあそび

あそびうた バイエル 16番

ねずみとネコ

かわいいネズミとネコの歌詞を付けてみました。ネズミがネコに見つからないように、優しい音でそーっと滑らかに弾いてみてくださいね！

テンポ（弾く速さを表しています）
モデラート（中くらいの速さで）
レガート（滑らかに）
スラー（切れないようにね）

ね こ が ね ず み を　さ が し て い ま チュー
み つ か ら な い よ う に　か く れ る の で チュー

リピート（反復）記号「‖: :‖」の間を2回繰り返して演奏してね」ということです。
もし :‖ だけのときは、曲の始めから繰り返しましょう！

※歌は1オクターブ下げてうたってね

弾き方のポイント

何回か弾くと、滑らかに5本の指が動かせるようになってきます。うまく動かせない4の指は音が小さくなりがちですので、粘り強く練習し、どの指の音も均質な音になるように気をつけましょう。慣れないうちには片手ずつ弾いて指を慣らしましょう！

初心者の方へ できるようになる！
両手を別々に動かす

ピアノに挑戦し始めた人がだれでも一度はぶつかる壁といえば、両手を別々に動かすところですよね。この曲はそんな初心者のレッスンにピッタリの曲です。

知っておくと便利
使える ちょこっとピアノ術

この曲は ミ の音に全部 ♭（フラット）を付けると、とても物悲しい曲になります。劇中の効果音にもオススメ。部屋で子どもたちが騒がしくして困ったときに弾くと、子どもたちは「あ、しまった…。」と気づいて静かになりますよ。

06

保育で使える！遊べる！遊び方バリエーション
ねずみとネコ

🎀 ドキドキ緊張感が楽しい
ネコが………来た!!

1 ピアノの音に合わせて歌いながら、小さくなってネズミ歩きでそーっと歩きます。

ポイント どっちのせりふを言うのか、ワクワクドキドキ。聞く力もつきますよ。慣れてきたら、「来た！」のかわりに、「イタイ！」と言って、近くの子を「よしよし」となでてあげるのもいいですね。

2 歌が終わったところで、保育者は「ネコが………」と言って、ため、「来た！」「行っちゃった！」のどちらかの言葉を言います。

行っちゃった！
安心してエサを食べられます。友達と互いをエサに見たてて、くすぐり合いっこします。

来た！
石ころのふりをして丸まります。ネコ役の保育者がくすぐりに来て笑ったらアウト！ しっかり丸まって防ぎましょう。

🎀 ふたりひと組で
近づくネズミと眠るネコ

1 ネズミ役とネコ役を決め、それぞれの手をネズミとネコに見たてます。

- **ネズミ** …歌いながら2本の指でチョコチョコと相手の腕を上っていく。
- **ネコ** …片手をグーにして、頭の上に乗せる（高いところで寝ているイメージ）。

来た！
ネコは「ニャア！」と言って、グーのままネズミに落とし、ネズミは「チュー！」と逃げます。当たったらアウト！

行っちゃった！
ネズミ役はネコ役のわきをコチョコチョ…！

2 歌のあと、ネコ役の子は「ネコが………」と言って、ため、「来た！」「行っちゃった！」のどちらかの言葉を言います。役を交代しながら楽しみましょう。

🎀 0・1・2歳児も
ネズミが歩く

保育者が歌いながら、体を2本の指で歩きます。最後にくすぐるだけでも十分に楽しめます。

07

ふれあいあそび

 バイエル 23番

お化けの てんぷら

フワフワ飛んでいるお化けをイメージしながら、手首の力を抜いて優しく指を動かしてこの曲を演奏してみてくださいね。

右手の音と左手の音が滑らかにつながるようにね！

よ な か に オバケを つかまえ て　オバケの てんぷら た べ ましょ う

拍子記号（4分の4拍子という意味です）

フワフワ カリカリ お い し い よ　たべたら あなたも フワフワ リ（ベー）

スタッカート（この記号の付いた音符は音の長さをその音符の長さの半分にします）

※歌は1オクターブ下げてうたってね

弾き方のポイント

親指はほかの4本の指より力が強くて、ドシン！とその音だけ大きな音になってしまいがちですので、手首を少し浮かせるなどコントロールして、バランスのよい滑らかな音を目ざしましょう！　ゆっくりていねいに練習するとよいですよ。

初心者の方が できるようになる！
滑らかに指を動かす

ピアノのレッスンを始めたばかりのころは、ついがんばりすぎて指に力が入ってしまい、ロボットが弾いているようなゴツゴツ弾きになりやすいものです。そんなお悩み解決にはこの曲がピッタリ。

知っておくと便利 使える ちょこっとピアノ術

テンポを思いっ切りゆっくりにして弾くと、そっと歩きに使うBGMに使えます。また、ゲームにも使えます。音に合わせてそーっと歩き、ピアノが止まったらすぐSTOP！もし動いてしまって先生に見つかったら石になります。でも、お友達にタッチしてもらったらまた復活！「だるまさんがころんだ」の変形版です。

そ〜っと

保育で使える！遊べる！遊び方バリエーション
お化けのてんぷら

笑ったらダメ！ 増えてくお化け

1 お化け役を人数に応じて、2〜5人決めます。お化け役以外は、みんな寝たふりをします。お化け役は、歌いながらフワフワとそこらじゅうを飛び回ります。

2 歌が終わったところで、寝ている子に近づきくすぐります。笑ってしまったら、その子もお化けになります。お化けが増えた状態で、繰り返し遊びます。

※こうしてお化けはどんどん増え、最後はお化けだらけになりますよ！

ポイント 初めは「2人以上で、同時に同じ人をくすぐれない」などのルールを決めておきましょう。くすぐりは、激しすぎると不快になることもあるので、気をつけて。

「お化けのてんぷら」手あそび ver.

1 お化けのように手を前に出し、揺らす

♪よなかにオバケを

2 お化けを捕まえるように、胸の前で手をグーにする

♪つかまえて

3 左手を腰に当て、右手のひとさし指を立てる

♪オバケのてんぷら

4 右手、左手でよだれをふくしぐさをする

♪たべましょう

5 手をつまんでパクパク食べるしぐさをする

♪フワフワカリカリおいしいよ

6 ほっぺをつぶす

♪たべたらあなたも

7 ほっぺを回す

♪フワフワリ

8 親指で優しく両目をアカンベーにする

♪（べー）

ふれあいあそび

あそびうた バイエル 27 番

おどかしちゃうよ

開いて閉じて…の繰り返しが楽しい曲です。"上がります下がります"など、いろいろな言葉に変えて楽しんでみてください。

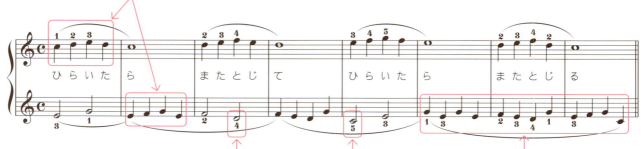

右手と左手が対話しているように弾けるとすてきですよ！

左の④や⑤の指は弱くて弾きにくいのでよく練習しましょう

ここは左が忙しいですが、ていねいに弾きましょう！

※歌は1オクターブ下げてうたってね

弾き方のポイント

楽譜に付いている数字は指番号です。できるだけ数字の書いてあるところは、その指を使うと弾きやすいですが、どうしても弾きにくいときは、別の指にしてもかまいませんよ！

初心者の方へ
できるようになる！
左の指を器用に動かす

右手が利き手の人にとっては左手を器用に動かすことは難しいこと。左手の練習に向いている曲に出会えたときは意識して練習をすると、左手が上達しやすいですよ！

知っておくと便利 使える ちょこっとピアノ術

この曲の右手のメロディーは、1音ずつの穏やかな上行下行を繰り返しているので、このメロディーをラララララ～で歌うと発表会前の子どもたちの発声練習曲として使えます。のどに力を入れないよう、ハミングで歌ったり、笑い声で「はははははは～♪」と歌うのも効果的ですよ！

保育で使える！遊べる！遊び方バリエーション
おどかしちゃうよ

変顔をしよう
マネできるかな？!

1 （初めは、顔を隠しておく）

2 手を広げて顔を見せる

♪ ひらいたら

3 手で顔を隠す（❷❸を繰り返す）

♪ またとじて … とじる

4 手を広げて顔を見せる

♪ ひらいたら

5 手を広げたまま、目をキョロキョロ動かす

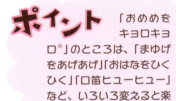

♪ おめめをキョロキョロ*

6 手で顔を隠す

♪ またとじて おどかしちゃうよ

7 思いっ切り変顔をする（子どもたちは保育者のまねをする）

♪ （バアー）

ポイント　「おめめをキョロキョロ*」のところは、「まゆげをあげあげ」「おはなをひくひく」「口笛ヒューヒュー」など、いろいろ変えると楽しいですね。

親子で楽しんでも
歌詞を変えて ロケットごっこ

1 子どもを抱き上げる

♪ あがります

2 子どもを地面に下ろす。（❶❷を繰り返す）

♪ さがります さがります あがったら

3 子どもを抱き上げる

♪ あがったら

4 子どもを抱き上げたまま、左右に揺らして、地面に下ろす

♪ ゆらゆら ゆれます ロケットで

5 再度抱き上げる

♪ うちゅうへ いこう

6 思いっ切り高く抱き上げる

♪ （ビューン）

11

ふれあいあそび

肩もみしてあげる

母の日、父の日、敬老の日のプレゼントにもなる歌詞を付けてみました。ピアノらしいかわいい音で弾いてみてくださいね。

細かい音が続くところは、指が滑らないように、指を1本1本やや高めに上げて弾くと、かわいい音になりますよ！

左のこの指は弱くなりやすいので気をつけて！

※歌は1オクターブ下げてうたってね

弾き方のポイント

この曲は右手がメロディーで左手が伴奏の役目をしていますので、左手は強く大きな音で弾いてきれいなメロディーを消してしまわないよう気をつけましょう！

初心者の方へ できるようになる！ 楽譜に強くなる

この曲の楽譜は両手がト音記号譜で書かれていて、左手譜は低い♪の音まで使われていますから、低い音符はパッと見ただけで何の音かわかるようにこの曲で慣れておくと楽譜に強くなりますよ！

知っておくと便利 使える ちょこっとピアノ術

この曲は8分音符がたくさん使われていますね。この8分音符♪を付点に全部変えて演奏すると、スキップにピッタリのウキウキした曲に大変身しますよ！　のびのびスキップをさせてあげたいときにオススメです。

保育で使える！遊べる！遊び方バリエーション
肩もみしてあげる

ふたりひと組で 肩もみし合おう

1 肩をもむ

♪かたもみ かたもみ きもちいい

2 指圧マッサージをするように、指で肩や背中を押す

♪つんつん しあつも してあげる

3 背中をグルグル円を描くようになでる

♪ぐるぐる やさしく せなかを なでで

4 背中をギュッと優しく押す

♪そのまま やさしく おしますよ

5 わきの下をくすぐる

♪さいごは おまけで マッサージ（コチョコチョ〜）

歌詞を変えて 床屋さんに行こう

ポイント 対面式で表情を見ながらするのも楽しいです。膝枕をしながらでもOK！ 4・5歳児なら、向かい合って同時にやり合いっこしてもいいですね。

1 頭に手をあて、シャンプーをするしぐさをする

♪シャンプー シャンプー きもちいい

2 2本の指を立ててハサミに見たて、髪を切るしぐさをする

♪チョキチョキ ハサミで きりましょう

3 ほっぺに手を当てて、グルグル回す

♪ぐるぐる おかおに せっけん つけて

4 あごの下からほっぺにかけて触って、ひげをそるしぐさをする

♪じょりじょり おひげを そりますよ

5 わきの下をくすぐる

♪さいごは おまけで マッサージ（コチョコチョ〜）

ふれあいあそび

こんにゃく体操

いっぱい触って最後は脱力するような歌詞にしました。手首の力を入れすぎないように、ていねいに弾いてみてくださいね。

※歌は1オクターブ下げてうたってね

弾き方のポイント

この曲のように右手がほとんど主旋律を担当している曲は、右手の方を少し大きめに弾くとメロディーが華やかに聞こえますよ！

初心者の方へ できるようになる！
細かい音を滑らかに弾く

この曲は右手のエクササイズにピッタリです。同じ2音を1小節ずつ弾き続けるので、音譜を読むのは簡単ですが指にとってはまるで筋トレをやっているような練習になります。

知っておくと便利 使える ちょこっとピアノ術

本来のテンポはComodoですが、この曲をかなりアップテンポで速く弾くと、急いで、急いで！！と少し急がせたいときにピッタリの曲になりますよ。ただし、指がもつれないようにね！

保育で使える！遊べる！遊び方バリエーション
こんにゃく体操

疲れたときや緊張しているときに
リラックス体操

1 それぞれの部位を触る

♪あし あし あし
………
こしまできたよ

2 おなかを円を描くようになでる

♪おなかは ほら
……
やさしく なでましょ

3 それぞれの部位を触る

♪うで うで うで
ひじ ひじ ひじ

4 手をブラブラさせる

♪おてても ほら
ブラブラブラ

5 全身の力を抜いて、ぐにゃぐにゃと揺する

♪あちこち ほら
……
こんにゃくみたいで ふしぎ

これぞ、本当のこんにゃく体操？！
ヘンテコな体操

歌に合わせて、足首、ひざ、腰をくねくねと振ります。最初の8小節で、足→ひざ→腰→♪こんどは　て　だ♪→指→ひじ→♪こんにゃく　たいそう♪　とすると全身ぐにゃぐにゃの本当のこんにゃくに！

ポイント
慣れてきたらテンポを速くしても、盛り上がりますよ！

0・1・2歳児におすすめ
いっぱいふれあおう

歌に合わせて優しく触りましょう。おひざに乗せながら、向かい合って、寝転んだままで…など、いつでもできますよ。

ふれあいあそび

べんりなロボット

鼻のボタンを押したら動き出すロボット。どんなことができるロボットなのかを子どもたちとも考えて、歌ってみてくださいね。

※歌は1オクターブ下げてうたってね

弾き方のポイント

左の細かい指の動きに右手はつられないようにゆったりと弾きましょう！

左の指の音数は多くて大変ですが、動きのパターンはほとんど同じですから、心配しないで繰り返し練習すれば、必ず上達できますよ！

どうしても左の細かい指が難しいときは、左手の♫の音を♩♩にして弾いても曲のメロディーは十分に楽しめますよ！

保育で使える！遊べる！遊び方バリエーション
べんりなロボット

ふたり組で遊ぶ
シャンプーロボット

1 ロボット役の子どもの鼻を押す（子ども役は座り、ロボット役は立ち上がる）

♪おはなの　ボタンを………
　ロボット　うごきます

2 シャンプーをしているように頭をもむ

♪はじめはシャンプー（2回）

3 髪をなでて整える

♪おつぎは　おゆびで
　ながしましょう

4 息を吹きかけ、髪を乾かすしぐさをする

♪さいごは　ドライヤーで
　フフフフフ〜

ポイント ロボット役の子の鼻を優しく押すと立ち上がり、シャンプーロボットに変身します。0・1・2歳児には、保育者がしてあげましょう。「お人形さんにしてあげようね」としてもいいでしょう。

歌詞を変えて
お手伝いロボット

1 ロボット役の子どもの鼻を押し、横になる（子ども役は寝転がり、ロボット役は立ち上がる）

♪おはなの　ボタンを………
　ロボット　うごきます
※ここまでは、元の歌詞と同じです。

2 手をパーにしてアイロンに見たて、全身をなでる

♪はじめはアイロン（2回）

3 腕を畳む（胸の上に）

♪おつぎは　そでを
　たたみましょう

4 ゆっくりと起こし、背中を押す

♪もうひとつ　たたんで
　ギューギュギューのギュー

ふれあいあそび

 CD 7

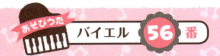 あそびうた バイエル 56番

せなかの ふね

いたずら好きの舟の歌詞を付けました。大きい舟のように、しっかりとした音で弾いてみてください。子どもたちとたくさんふれあって楽しんでくださいね。

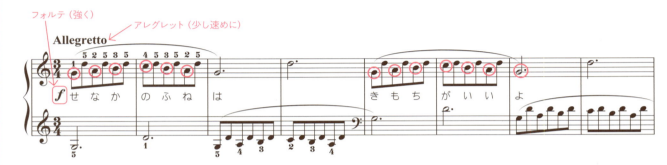

※歌は1オクターブ下げてうたってね

弾き方のポイント

強いはっきりした音は、指をすこし立てるような気持ちで弾くとよいですよ！

初心者の方へ できるようになる！
力強い音で演奏をする

この曲は最初から最後まで ƒ（フォルテ）の曲ですので、思い切ってしっかりした音を出す練習に挑戦してください。右手も左手もバランスよく同じくらいの音が出せるように、音をよく聞いて弾きましょう。

知っておくと便利 使える ちょこっとピアノ術

ƒのままで弾くと劇あそびのずんずん元気に進んで行くシーンにピッタリです。演奏が難しい人は、○の付いた音を弾くだけでも曲の雰囲気は楽しめます。『おひざの ふね』のときは優しい音で弾いたほうがピッタリしますよ。

保育で使える！遊べる！遊び方バリエーション
せなかの ふね

コロンと落っこちる
揺れる ふね

舟役は、ペアの子を背中に乗せ、歌いながら左右に揺れます。最後の「♪いたずらするよ」で、優しくコロンと裏返り、上の子もいっしょに転げて落ちます。

※子ども同士で転がるところは、けががないように見守りましょう。

0・1・2歳児でも
おひざの ふね

歌詞の「♪せなか」を「♪おひざ」に変えて歌います。おひざに乗せてユラユラ気持ち良く揺らして、最後は足を広げてドシーン！

ポイント 最後は、「コチョコチョ」とくすぐったり、「ギュー」と抱き締めたりするなど、アレンジして楽しんでください。

3人ひと組で
子どもの ふね

1 3人ひと組になり、ふたりは手をつなぎ（舟役）、もうひとりはその中に入ります。舟役のふたりは、歌詞の「♪せなか」を「♪こども」と変えて歌いながら、左右に手を揺らします。

2 「♪いたずらするよ」の後、舟役は「ポーン」と言って片手を離し、中の子を外に出したら、すぐに手をつないで舟を作ります。すると、ほかの舟を追い出された子が入ってきます。（❶❷を何度か繰り返します）

3 保育者が「大嵐！」と声をかけると、みんなバラバラになり、また違う子が舟になって繰り返し遊びます。

ふれあいあそび

あそびうた バイエル **58**番

ペンギンさん

かわいいペンギンになり切って遊んでみましょう。楽しくふれあって、たくさん体を動かせますよ。強弱を付けて、豊かな音で演奏してくださいね。

メゾフォルテ（少し強く）

デクレッシェンド（だんだん弱く）

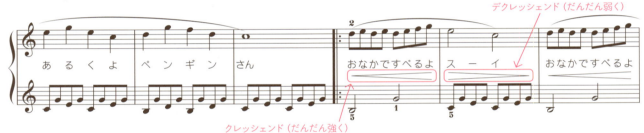

クレッシェンド（だんだん強く）

※歌は1オクターブ下げてうたってね

弾き方のポイント

だんだん強く…とは言っても、乱暴な音にはならないように心がけましょう！

初心者の方へ
できるようになる！
強弱を付けて演奏する

2か所だけの強弱ですので、初心者の練習にはピッタリです。強弱を付けるのがうまくなると、ピアノ演奏がぐっと引き立ちますよ！

知っておくと便利 使える ちょこっとピアノ術

この曲は、速く弾くと、急いだり慌てたりするシーンにピッタリです。早く集まって〜とか、早くかたづけましょう♪というシーンに使えますよ。

保育で使える！遊べる！遊び方バリエーション
ペンギンさん

いつ来るかわからない！
シャチから逃げよう

1 曲に合わせて、ペンギンになって動きます。

2 曲の途中で「シャチが来た！」と保育者が言うと、みんな海藻のふりをして、ユラユラとその場で揺れます。

3 シャチ役の保育者がくすぐり、声を出したらペンギンだとばれて、シャチに捕まってしまいます。

※捕まった子が、次のシャチ役です。

0・1・2歳児でも
ペンギン親子

ポイント 氷の上のペンギン気分、水中遊泳気分を楽しませてあげましょう。

1 足の上に子どもを乗せて歩く

2 腹ばいにした子どもの手を引く

3 おなか辺りを持って、子どもを持ち上げ、横に進む

♪よちよち あるくよ ペンギンさん（2回）

♪おなかで すべるよ スーイ（2回）

♪みずの なかでは およぎますよ

ふれあいあそび

あそびうた バイエル 64番

ホホホ ほっぺた

右手のメロディーは高い音ですが、歌は1オクターブ下でうたうようにしましょう。変顔がたくさんで笑ってしまうような曲になりました。

※歌は1オクターブ下げてうたってね

弾き方のポイント

左手の同じ音の繰り返しがぎこちない音になりやすいので、柔らかい音が出せるようにね！

初心者の方へ
できるようになる！
高い音を表す音符に慣れる

この曲で高い音を表す音符を覚えるくらいの気持ちで慣れておくと、ピアノの楽譜と仲よくなれますよ！

知っておくと便利 使える ちょこっと ピアノ術

気持ちの良いメロディーなので、くるくる回るダンスや水の流れるシーンなどで劇あそびのBGMとして使えますよ！

保育で使える！遊べる！遊び方バリエーション
ホホホ ほっぺた

「ホホホ ほっぺた」手あそび ver.

1 ほっぺたを指でつつく

♩ ホホホ ほっぺた

2 ほっぺたを両側から押す

♩ つぶして サンドイッチ

3 ほっぺたを指でつつき、なでる

♩ ホホホ ほっぺた きもちいい

4 ほっぺたを丸める
♩ まるめて たこやきくん

5 ほっぺたをつまむ
♩ つまんで おにまんじゅう

6 ❸と同じ
♩ ホホホ ほっぺた きもちいい

ポイント
0・1・2歳児には、保育者がしてあげましょう。対面してほっぺたをつついたりつぶしたりして遊びます。

※つめが長いと、柔らかいほっぺたを傷つけてしまうことがあるので気をつけましょう。
※遊ぶときは、楽譜の1番のみで遊びます。

あてっこ遊び
これな〜んだ？

「♪ホホホ ほっぺた」だけ歌い、「これなんだ？ジャン！」と保育者がほっぺたを使って、変な顔をします。何に見えるか、当てっこしてみましょう。

曲の前半だけ使って
つまんじゃうよ

1 ふたりで向き合い、「♪ホホホ」で手を3回たたきます。

2 「♪ほっぺた」でジャンケンし、「♪つぶしてサンドイッチ」のメロディーで「♪負けたらつまんじゃうよ」と歌いながら、勝った子は、負けた子の片方のほっぺたをつまみます。
※あいこのときは、つまみません。

3 ❶❷を繰り返し、両方のほっぺたをつままれたら、負けです。

※勝った子は、つまんだままです。
❶では腕をたたきましょう。

ふれあいあそび

あそびうた バイエル 93 番

ぐるぐる かいがら

ゆったりとしたこの曲には、貝殻の歌詞を付けました。広い海の中で、波に揺られている貝殻を想像して弾いてみてください。

※歌は1オクターブ下げてうたってね

弾き方のポイント

短音階のメロディーをじっくり味わいながら右手のメロディーは歌うように弾いてみてね！

初心者の方へ できるようになる！
黒鍵を使った演奏に慣れる
黒鍵の#や♭の記号を見ただけで緊張しがちですが、黒鍵も弾けるようになったら、音の世界が広がるので、この曲でぜひ慣れてみてくださいね。

知っておくと便利 使える ちょこっと ピアノ術

静かに！ と大声を出す代わりに、この曲を静かにしっとり弾いてあげると、子どもたちの興奮はしぜんに治まりますよ！

保育で使える！遊べる！遊び方バリエーション
ぐるぐる かいがら

ふたりひと組で やどかりダンス

1 手をつないで、向き合ってギャロップをする

♪ ぐるぐる かいがら …… すんでる

2 ふたりで「♪ごそごそ」でしゃがみ、背伸びして、またしゃがむ

♪ ごそごそ のぼって また おりてきました

3 また立って、小さく手を揺らして、大きく揺らす

♪ ちいさな なみ …… ざんぶりこ

4 手をつないだまま、ひっくり返って1回転する

♪ あー… ころころころ

5 バイバイして、パートナーを変える

♪ いそいで にげました（ごそごそ）

「ぐるぐる かいがら」手あそび ver.

1 ひとさし指で、手のひらにグルグル円を描く

♪ ぐるぐる かいがら

2 指で手のひらをかく

♪ やどかりが すんでる

3 腕をなでながら、上にあがり、また下がる

♪ ごそごそ のぼって また おりてきました

4 手を握って左右に揺らす

♪ ちいさな なみ ちゃっぷりこ

5 ❹よりも大きく揺らす

♪ おおきな なみ ざんぶりこ

6 ひとさし指で、腕に円を描きながら上にあがって、下がる

♪ あー… ころころころ

7 腕を指でかきながら上にあがる

♪ いそいで にげました

8 わきをくすぐる

♪ （ごそごそ）

ポイント

0・1・2歳児には、寝転んだまま全身にしてあげても楽しめますよ。

※子どもの肌はデリケートで傷つきやすいので、遊ぶ前につめが伸びていないかチェック！

コラム 1 バイエルのうたあそびは、保育に役だつ！

保育に役だつ！　の巻

保育の現場では、「こっち向いて！」というシーンがたくさんありますよね。そんなとき、大きな声を張り上げるよりもピアノの音は、何倍も効果があります。**しかもそのメロディーに子どもたちの大好きな遊びが付いていたら？！** 子どもたちは、ワクワクしてこっちを向くことまちがいなしです！　楽しい気持ちでスムーズに次の活動に入ることができます。**しかも！！** このメロディーは、クラシック音楽のエッセンスがぎっしり詰まったバイエルなのですから、子どもたちの音楽的能力も伸ばすことができますよ！

第2章

ゲーム

ジャンケンして、つながって…
子どもたちの大好きなゲームが大集合！

ゲーム

あそびうた バイエル 18番

はしれ！でんしゃ！！

電車になって、つながっていく遊び…子どもたちは、大好きですよね。そんな遊びを歌にしました。ウキウキするような音で、楽しく弾いてみてくださいね。

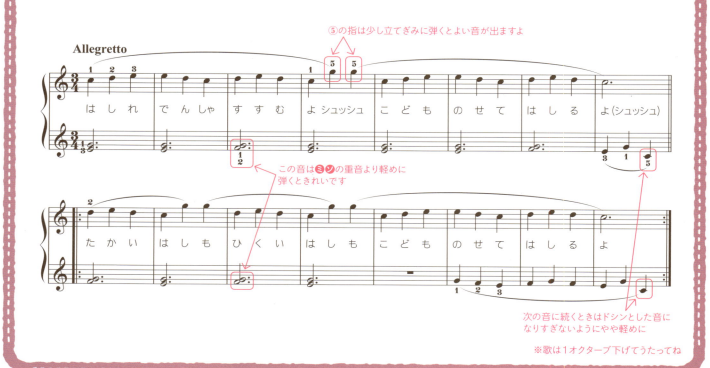

⑤の指は少し立てぎみに弾くとよい音が出ますよ

この音は⊕の重音より軽めに弾くときれいです

次の音に続くときはドシンとした音になりすぎないようにやや軽めに

※歌は1オクターブ下げてうたってね

弾き方のポイント

左の重音の音のつなぎ目は、手首を柔らかくして弾くとゴツゴツしないで次の音に移行できますよ！

初心者の方へ
できるようになる！
左手の重音演奏に慣れる

重音の演奏では、音が大きくなりすぎて旋律をかき消してじゃまをしてしまいがちなもの。音をよく聞いて、バランスのよい音で演奏できるように気をつけましょう！

知っておくと**便利**
使える**ちょこっとピアノ術**

スキップやギャロップにピッタリの曲です。テンポを変えて弾くと、さらに楽しめます。

保育で使える！遊べる！遊び方バリエーション
はしれ！でんしゃ！！

捕まらないように
橋になっちゃう

1 ふたりがアーチを作り、その下を残りの子どもたちが歌いながら電車になってくぐります。

2 歌を途中で止めると、橋が落ち、捕まった人は隣で橋になります。

※橋がだんだんたくさんになり、捕まるスリルが高まっていきます。

どんどんつながる
ながーい電車になろう

1 1～3人は電車役、あとの子どもたちは（橋役）手をつないで輪になります。

ポイント つながって進むときは、トラブルが発生しやすいもの。安全に遊べるように、よく目を配りましょう。

2 歌が終わるところで、電車役は橋役のだれかの後ろにくっつきます。

※くっつかれた橋役の子は、そのままつながって電車になり、橋役の子どもはだんだん減っていき、最後は全員電車になります。

電車役…橋役の間をくぐって、出たり入ったりして自由に進みます。

0・1・2歳児も
電車になって進もう

ただ電車になって進むだけで楽しいですよ。曲が止まったら止まる！　とすると、さらに楽しめます。

ゲーム

 バイエル 20番

あそびうた

いたずらきつね

いろいろなものに化ける、楽しいキツネの歌詞を付けました。余分な力が腕や指に入らないように、ていねいに弾いてみてくださいね。

↓ スラーの中は歌うようなつもりで美しく音をつないでね！

い た ず ら き つ ね が コーン コーン ば け ま す

legato

↑ この音は不安定になりやすいので気をつけてね

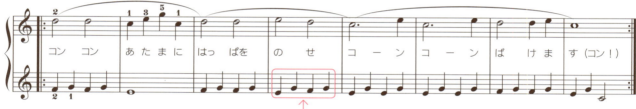

コン コン あ た ま に はっ ぱ を の せ コーン コーン ば け ま す（コン！）

↑ この小節の音はパターンがほかと少し違うので間違えやすいから注意！

※ゲームのときはテンポは少し遅くしてね
※歌は1オクターブ下げてうたってね

弾き方のポイント

右手はスラーを意識して、それぞれの ⌒ の中を歌うように弾けるとステキです！

初心者の方へ
できるようになる！
左手の
①・②・③の指を
スムーズに
動かす

こういう短い練習曲で指をほぐすような気持ちでていねいに練習しておくと、実力UPにつながりますよ！

知っておくと便利 使える ちょこっとピアノ術

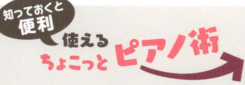

メロディーの起伏の少ない曲なので、イス取りゲームなど、曲を急に止め、また続けて弾くシーンにピッタリです！

保育で使える！遊べる！遊び方バリエーション
いたずらきつね

ジャンケンゲーム
グーチョキパーに化けよう

1 指でキツネを作り、左右に揺らしながらジャンケン相手を探して歩く

♪いたずら　きつねが

2 ジャンケン相手をつつく

♪コーン　コーン

3 両手で顔を隠し、「す」で指でキツネを作る

♪ばけま　す

4 指でキツネを作ったまま、上下に動かす

♪コンコン　あたまに

5 頭に手を置いてしゃがみ、「のせ」で立つ

♪はっぱを　のせ

6 ❷❸を繰り返す

♪コーン　コーン　ばけま　す

7 グーチョキパーに化ける

てんぐ（グー）　ひとつ目こぞう（チョキ）　パー

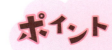
♪（コン！）

ポイント　キツネじゃんけんで勝ち抜き戦をして、チャンピオンキツネを決めると楽しいですよ。

あてっこゲーム
何に化けたかわかるかな？

みんなで歌をうたい、最後の「♪コン！」で、保育者、または代表の子がみんなの前で好きなものに化けます。

0・1・2歳児も
まねっこキツネ

みんなで歌をうたい、最後の「♪コン！」で保育者がポーズをします。保育者のまねをして、みんなでポーズを決めるだけで十分に楽しめます。

ゲーム

ひーこら 自転車

「ひーこら　ひーこら」と必死に自転車をこぎます。こぐだけでなく、キーィとブレーキするのが楽しい歌です。自転車をこぐように、焦らずゆっくり弾いてみてくださいね。

全然違う弾き方なのでそれぞれよく練習してね

legato　左手にスラーは付いていませんがバタバタした弾き方にならないようできるだけ美しく！

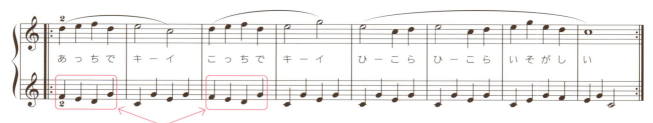

④の指がもたついてリズムが崩れやすいので気をつけて！

※歌は1オクターブ下げてうたってね

弾き方のポイント

繰り返し練習は4小節ぐらいに区切って練習すると上達しやすいですよ！　焦らずゆっくりていねいに、納得がいく音が出せるようになるまで、何度も繰り返し練習しましょう！

初心者の方ができるようになる！
両手をバランスよく動かす

右、左、それぞれの指をバランスよく動かせるようになるまでは、少し時間がかかるもの。でも、このハードルを越えられたら、ピアノ演奏がとても楽しめるようになりますよ。

知っておくと便利 使える ちょこっと ピアノ術

ミの音に♭を付けると簡単に短調の曲に変わりますので、楽しい→悲しいに変化する劇あそびのシーンのBGMに使いやすいですよ！

しゅ〜ん

保育で使える！遊べる！遊び方バリエーション
ひーこら 自転車

ジャンケンゲーム
パンクしないように

1 自由に好きなところを自転車になって進みます。「♪キーイ」で、ブレーキを掛けて止まり、向きを変えて進みます。

2 「♪いそがしい」で止まり、出会った人とジャンケンします。

3 負けた人は、自転車がパンク！ おしりを着けて進みましょう。

※次の歌でジャンケンに勝ったら、また自転車に戻れます。

速い乗り物に変身
目ざせ！ ロケット

1 『パンクしないように』の**1 2**と同じ。

2 ジャンケンして勝ったら、自転車→自動車→飛行機→ロケットと進化し、負けたらその前のマシーンに戻ります。最後にロケットになっていた人の優勝です。

0・1・2歳児も
止まれるかな？

歌いながら自転車になってトコトコ進み、保育者が好きなところで突然「キーイ」と言うたびにストップ！

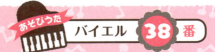

おねぼうさん

ゆったりしたこの曲には、「おねぼうさん」の歌がピッタリ！ ゲームのときは、少し速く弾くとドキドキ感が高まります。速く弾いたりゆっくり弾いたり、強弱を付けるといいですね。

※歌は1オクターブ下げてうたってね

弾き方のポイント

④の指は、手の甲をほぐすみたいな気持ちで指を少し立てるように弾くとよいですよ。

初心者の方！できるようになる！
左の④の指を動かす

この曲には、ところどころに左の④の指が使われているので、④の指の動きを鍛えるのにピッタリです。思うように動かせなくても、焦らないでじっくり練習してみてくださいね。

知っておくと便利 使える ちょこっとピアノ術

ゆっくーり弾くと、この曲、とっても気持ちが良くて、子守歌にピッタリの曲になりますよ！ 弾きながら眠ってしまわないように気をつけてね。

保育で使える！遊べる！遊び方バリエーション
おねぼうさん

だれの声か当てよう
おはよう！

1 おねぼうさん役をひとり決め、寝たふりをします。残りの子どもは、手をつないで輪になり、歌いながらそーっとおねぼうさんの周りをくるくる回ります。

2 歌が終わったときに、おねぼうさんの後ろで止まった子が「おはよう！」と声をかけ、だれの声か当たったら交代です。

ポイント 名前を当てるのが難しいときは、男の子、女の子を当てるだけでも OK にしましょう。

おいかけっこで
おねぼうさんに捕まるな

1 『おはよう！』の**1**と同じ。

2 歌が終わったときに、おねぼうさん以外のみんなで「おはよう！」と言います。すると、中のおねぼうさんが「うるさーい！」と言って起きます。みんながキャーと逃げると追いかけ、捕まった人が次のおねぼうさんになります。

0・1・2歳児におすすめ
いそいで準備しよう

「♪もう いそいで もう ちこくだ」のところで、歯をみがく、顔を洗う、パジャマを脱ぐ、などのまねをします。どんどんテンポを速くしていって楽しみましょう。

ゲーム

CD 15
サービストラック
CD-47

あそびうた バイエル 42 番

メデューサの伝説

ちょっと不気味なこの曲には、メデューサの歌詞を付けました。怪しく滑らかに弾いてみてくださいね。石にされないように…ドキドキ感を楽しみましょう。

アンダンテ（ゆっくり歩くくらいの速さで）

ドシン！　と重たい音にならないように気をつけて！

そっと そっと しずかに あしお とは た てないで

音がゴツゴツきれないように滑らかに優しく弾きましょう！

次の音を弾く前に息を吸うといい音が出しやすいです！

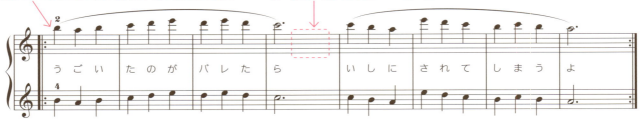

うごい たのが バレ たら いしに されて しまう よ

※歌は1オクターブ下げてうたってね

弾き方のポイント

この曲はゆっくりなので、右手の音がポツポツとぎれないように手首を使って滑らかに弾きましょう。

初心者の方♪
できるようになる！
高い音を表す音符に慣れる

この曲は「ユニゾン」といって左の音は同音の1オクターブ下の音なので、それを確認しながら高音の音符に慣れるのに便利な曲です。パッと見てドとかミってわかるぐらいに慣れておくとよいですよ！

知っておくと便利　使える ちょこっとピアノ術

両手とも低い音に変えると、お化けが来た！　とか悪者役がやって来たシーンにピッタリのBGMになります。そのとき、左の音をずっとラ〜ラ〜ラ〜ばかりで弾くと一段と不気味な感じが出せますよ！

保育で使える！遊べる！遊び方バリエーション
メデューサの伝説

「だるまさんがころんだ」のアレンジで
石にされてしまうよ

1 メデューサ役をひとり決めます。メデューサは、目を隠して歌をうたい、歌が終わると振り返ります。振り返ったとき、近寄ってくる子どもの中で動いてしまった子の名前を呼ぶと、その子は石になり、動けなくなります。

2 だれかがメデューサにタッチしたら、全員魔法が解けて逃げだせます。しかし、メデューサが「ストップ！」と言ったら、止まらなくてはいけません。

3 メデューサは「メ・デュ・ウ・サ」と4歩だけ歩くことができます。その4歩内でタッチされた子が次のメデューサです。

ポイント　「メデューサ」とは、ギリシャ神話に出てくる怪物で、髪がヘビで、輝く目を持ち、見たものを石に変える能力を持っています。導入としてお話をしてもいいですね。

くすぐったくても
石のふりをしよう

1 メデューサ役をひとり決めます。「メデューサがきた！」と大きな声でみんなに伝えると、子どもたちは石のふりをして固まります。

2 メデューサ役は、歌をうたってゆっくりやって来て、くすぐります。笑ってしまったらメデューサ役は交代。

3 ただし、笑ってしまった子が「メデューサってかっこいい」などと褒め、もしメデューサが「見逃そう！」と言ったら、メデューサの交代はなしになります。

ゲーム

サービストラック CD-48

あそびうた バイエル 43番

月夜の晩は気をつけて

気持ち良く、流れるように弾いてみてください。満月を見るとオオカミになってしまう、オオカミ男のさびしさを表現できるといいですね。

似ているけれど違う音ですよ！　見間違えないようにね

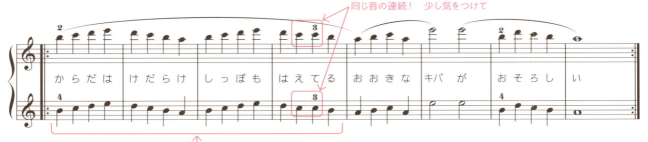
同じ音の連続！　少し気をつけて

↑
指がもつれないように気をつけて！

※歌は1オクターブ下げてうたってね

弾き方のポイント

2段目の楽譜は、4分音符ばかりが続きますが、滑らかに音が流れるように弾けたらステキです！

初心者の方へ できるようになる！
同じ音の連続を美しく演奏する

同じ音を続けて弾くときはリズムが不安定になり、音が詰まった感じになりやすいので、意識してメロディーがしぜんな感じで流れるように気をつけて弾きましょう！

知っておくと便利　使えるちょこっとピアノ術

感情を込めて自由なテンポで弾くと、さびしい、孤独、悲しいシーンにピッタリの曲になります。鍵盤ハーモニカで弾くと、よりいっそう哀愁が漂いますよ。

保育で使える！遊べる！遊び方バリエーション
月夜の晩は気をつけて

> みんなで輪になって

目覚めたオオカミ男にご注意を

1 真ん中にオオカミ男役の子が寝ます。オオカミ男の周りを丸く囲み、オオカミダンスをしながら回り、歌います。

2 歌が終わったときに、ちょうど後ろにいる子が「ピカピカピカ」と言います。オオカミは「何の音？」と尋ねます。後ろの子は、光るもの※を考えて答えます。オオカミは「なーんだ」と言ってまた眠ります。

※例：お星様の音、金貨の音、ネコの目の光る音　など

3 しかし、光るものを「お月様の音」と答えると、オオカミはガオー！！と目を覚まし、だれかを捕まえます（ガオー！！と言ったら、みんな逃げます）。捕まった（タッチされた）人は次のオオカミです。

オオカミダンス

1 両手を前に出し、オオカミのポーズをしながら進む

♪つきよの　ばんは
　　　……あらわれる

2 体をポンポンとたたく

♪からだは　けだらけ

3 おしりをポンポンとたたく

♪しっぽも　はえてる

4 ひとさし指を立てて、口の前で上下に動かす

♪おおきな　キバが　おそろしい

> ふたりひと組で

オオカミになっちゃった

1 ふたりペアで両手をつなぎ「1、2、3　ジャンプ！」とステップを踏んで、行ったり来たりするダンスをします。

2 「♪あらわれる」でジャンケンをします。負けた子はオオカミ（ハイハイの姿勢）になって、相手の足の下をくぐります。そのまま、次のペアを探しに行きます。

※次の相手のところに行ったら、また立ってダンスをします。

勝った子…歌いながら手拍子をして待ちます。

ゲーム

あそびうた バイエル 51番

宅配便です！

この曲は、長く感じますが、abaの三部形式になっているので比較的弾きやすいです。宅配便屋さんがトコトコかわいくがんばっているようすを思い浮かべて弾いてみてください。

弾き方のポイント

右手の②・③・④・②の指づかいは、もつれやすいので繰り返し練習して滑らかに動かせるようにしましょう！

8分音符を軽やかに弾く

左手と交互に用いられている8分音符の連続を軽やかに弾けるようになると、さらにこの曲の魅力が引き出せますよ！

知っておくと便利 使える ちょこっと ピアノ術

両手を高音で少しゆっくり弾くと、まるでオルゴールのような感じになります。お昼寝タイムなど、少しゆったり優しい気分にさせたいときに弾いてあげるとよいですよ！

保育で使える！遊べる！遊び方バリエーション
宅配便です！

体のバランス感覚を養う遊びとしても！
荷物を運ぼう

1 最初の4小節を歌いながら、ハンドルを持つポーズをして自由に走り、だれかとジャンケンをします。

2 勝った人は荷物役で、歌いながら座って両手を出します。負けた人は、荷物役の手を持ち、引っ張って運んであげます。

※「♪たくはいびんです」で全員立って、繰り返します。

ポイント 床のツルツルしたところで気をつけて遊んでください。荷物役の子は、少し体を固くすると運びやすいです。

ジャンケンして
長いトラック

『荷物を運ぼう』と同じように、「♪しごとです」でジャンケンをし、勝ったら荷物になって負けた子の後ろにつながります。負けた子が先頭になって、どんどんつながっていきます。

ボールを使って
速く荷物を届けるぞ！

2〜4チームに分かれ、それぞれ1列に並びます。少し離れて並び、歌いながらボールをパスして運びます。早く送ったチームが勝ち！ 落としたチームは負け！ などのルールで楽します。

ポイント 0・1・2歳児は、円になって、歌に合わせてボールを送るだけでも楽しいです。

きょうは雨ふり

バイエル 60番 あそびうた

調が変わるこの曲は、雨が降ったりやんだり…の気分にピッタリ。短調はしっとり、長調は明るく元気に、それぞれの調の魅力を味わいながら弾いてくださいね！

※歌は1オクターブ下げてうたってね

弾き方のポイント

調が変わるところはdim.で音をだんだん小さくするだけでなく、テンポも緩めると変化が出しやすいです！

初心者の方へ できるようになる！ 曲の表情を豊かに付ける

この曲は1段目が短調、2段目は長調、3段目はまた短調、と調が途中で2度も変化するので、それぞれの調の表情の違いを表現する練習にピッタリです。

知っておくと便利 使える ちょこっとピアノ術

短調・長調にはっきり分かれている曲なので、リトミックに適しています。短調は1人で歩き、長調のところは2人ペアになれる！など何か約束をつけて聞き取る活動を楽しませてあげましょう！

保育で使える！遊べる！遊び方バリエーション
きょうは雨ふり

「イスとりゲーム」のアレンジで

雨だ！！

1. 1〜2人、鬼役で家のない子を決めます。残りの子どもたちで、3人ひと組になります。ふたりは手をつないで家を作り、ひとりは中に入ります。「♪きょうは ……あそびましょう」は、家役と中の子が交互に座ったり立ったりします。（鬼は、中の子と同じ動きをします）

2. 「♪はれたら…」と歌いながら、中の子は外に出てスキップをします。突然、保育者が「雨だ！」と言うと、中の子と鬼役はさっきとは違う家に入ります。家に入れなかった子は、鬼になります。

ポイント

「♪はれたら…」のメロディーは繰り返し弾くなどして、突然「雨だ！」と言うとよりハラハラドキドキできて楽しいですよ。
また、0・1・2歳児は座って歌をうたって「♪はれたら」でぴょんぴょん飛び跳ねるだけでも楽しいです。

「きょうは雨ふり」手合わせ ver.

1. 手をたたく ♪きょう
2. ペアの子と手を2回合わせる ♪はあ
3. 手をたたく ♪め
4. ペアの子と手を2回合わせる ♪ふり
5. 手をたたく ♪そと

6. ペアの子と手の甲を合わせる ♪で

7. ペアの子と手のひらを合わせる ♪あ

8. お化けのような手をして、手の甲をペアの子と合わせる ♪そべな

9. ペアの子と手のひらを合わせる ♪い

※この繰り返しです

ゲーム

あそびうた　バイエル 61 番

メリーゴーラウンド

かわいいリズムのこの曲には、メリーゴーラウンドの歌詞を付けました。符点のリズムをじょうずに弾けるようになると表現の幅がぐっと広がるのでぜひ挑戦してみてください！

Allegro moderato ← アレグロ　モデラート（ふつうに速く）
似ているけれど違うから気をつけて！
dolce
まわる　まわる　メリーゴーラウンド　はんたい
legato
右手、左手、それぞれのリズムに気をつけて！

まわりもできますよ　じゃんけんまけたら
※右手は滑らかに美しいメロディーに聞こえるように優しく弾きましょう！
♪の音ですよ！　自分でも数えて確認してね

うさぎになるよ　さよならバイバイまたいつか
※歌は1オクターブ下げてうたってね

弾き方のポイント

右手と左手のリズムが違うので、つられないように気をつけて繰り返し練習してくださいね！

初心者の方へ　できるようになる！
符点の付いたメロディーを演奏する

この曲の右手は、最初から最後までほとんど符点が各小節に使われているので、符点のメロディー演奏に慣れるにはピッタリの曲です。

知っておくと便利　使えるちょこっとピアノ術

ゆっくーり弾くと、子守歌にピッタリの曲になります。ラ〜ララ〜♪で歌うだけでも優しい気持ちになれますよ！

保育で使える！遊べる！遊び方バリエーション
メリーゴーラウンド

回る回る
目を回さずに

1 ふたりペアになり、両手をつないでギャロップしながら回ります。「♪はんたいまわりも」で向きを変え、反対回りをします。

2 「♪できますよ」でジャンケンをします。勝った人は手をたたき、負けた人はウサギになってその周りをピョンピョン跳びます。

3 「♪さよならバイバイ」で両手をつないで左右に振り、「♪またいつか」で両手を相手と合わせてさようならをして、次のペアを探しに行きます。

ウサギになって
みんなで回ろう

1 全員で手をつないで輪になって、ギャロップしながら回ります。「♪はんたいまわりも」で反対回りをします。

2 保育者または決めておいたリーダー役の子と、全員がジャンケンをします。負けた子はウサギになってピョンピョンしながら別の場所（同じく負けた子が元いた場所）にチェンジします。勝った子は、手をたたいて応援しながら歌います。

0・1・2歳児には
ウマやウサギになろう

歌に合わせて乗馬ポーズで自由に進み、保育者とジャンケンして負けたらウサギになってピョンピョンする、というゲームを楽しみます。

※ジャンケンが難しい小さい子は、保育者がウサギになったらウサギになろうね、として楽しみましょう。

ゲーム

ハエのバラード

美しいメロディーですが、ハエの悲哀を込めたバラードの歌詞を付けてみました。弾いてみると優しくて気持ちの良いリズムのメロディーになるので、気に入る人も多いはず！

やわらかく右のメロディーよりでしゃばらず
うまくサポートするような気持ちで弾きましょう

右だけでなく左の音も表情を付けて豊かに弾きましょう

だんだん大きくだんだん小さくを
楽しみながら練習してね！

タイ（音を切らず1番目と2番目の音を合わせた長さの音を保つ）

弾き方のポイント

1/2の曲のリズムと同じように1小節を大きく2拍としてリズムを感じて弾くとよいです！

初心者の方へ できるようになる！ 6/8の曲のリズムに慣れる

音や指づかいはそんなに難しくないので気持ち良さを味わいながら、しっかり6/8のリズムに慣れてくださいね！

知っておくと便利 使える ちょこっとピアノ術

この曲はくるくる回りながら優雅に踊るお城の舞踏会のBGMにピッタリの曲です！ 少しゆっくりめに弾くといいですよ。

保育で使える！遊べる！遊び方バリエーション
ハエのバラード

ジャンケンして 殺虫剤にや、やられた…

1 「♪ハエ ハエ …… きらわれものさ」までは、自由にハエになって飛び回ったり、どこかに止まったり、エサを見つけて食べたりと好きなことをします。

2 「♪でも ハエはね そらとべるよ」で、パートナーを見つけて、片方の肩を組み、もう片方の手は伸ばして合わせてギャロップダンスをします。

3 最後にジャンケンをして、勝った子は負けた子にシューッと殺虫剤をかけるポーズをして、負けた子は寝転んでヒクヒクし、歌が始まったらまた全員ハエになって繰り返し遊びます。

チーム分けしたいときにも便利！ 合図をよく聞いて

歌いながら自由にハエになって飛んでいて、保育者が突然「にんげんだ！」「サルだ！」などと言います。合図※をよく聞いて、その人数になって集まれたら手をつないで座ります。

※ にんげん…ふたり組、サル…3人組、ようかい…4人組、ゴリラ…5人組　など

ポイント
0・1・2歳児には、「来た！」と言ったら、小さくなるだけでも楽しいです。

ゲーム

宇宙人がやってきた！

軽快で滑らかなこの曲には、宇宙人の歌詞を付けました。歌詞の「ちいさくなるよ」は、ピアノの音も小さくなるところです。音の響きを味わいながら弾いてみてくださいね。

※歌は1オクターブ下げてうたってね

弾き方のポイント

右手の重音演奏は、高音にメロディーが隠れているので意識して弾きましょう！

両手の重音の演奏に慣れる

重音は音をつなげて滑らかに演奏できると、重厚感のある豊かな音を表現することができるので、納得のいく音になるようにじっくりと練習をしてくださいね。

知っておくと便利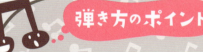

この曲はピョンピョンと軽くジャンプするのにピッタリの曲です。その場ジャンプに手をたたきながら、とか、片足でなどのバリエーションを付けるだけでも楽しめます。ジャンプはリラックスさせたいときにもオススメです！

保育で使える！遊べる！遊び方バリエーション
宇宙人がやってきた！

ジャンケンゲーム
小さくなるよ

① ひとさし指を立て、上下に動かしながら、ジャンケン相手を探して歩く

♪うちゅじんが………ピッピッピ

② 相手のおしりを触ろうと追いかけ合う

♪さわられちゃったら　ちいさくなるよ

③ ひとさし指を立て、上下に動かす

♪じゃんけんに　まけたら

④ 手をたたく

♪さわられちゃうのさ

⑤ ジャンケンをして、負けたら小さくしゃがむ

♪じゃんけんぽん

※次は、小さいまま①から繰り返し（勝った人は立ったまま）、②で元の大きさに戻れます。

歌詞を変えて
さわられちゃったら…？

『小さくなるよ』と基本的には同じ動きをします。「♪ちいさくなるよ」を「♪○○になるよ」と歌詞を変え、負けた人はいろいろなもの※に変身！次のジャンケンまではその動きで相手を探します。

※例：タコ、ヘビ、赤ちゃん　など

ポイント
「イチゴ」「ラーメン」など食べ物に変え、コチョコチョ、パクパクと相手から食べられるとしても楽しいです。「次は、何に変身させようか？」と子どもたちのアイデアも取り入れると、より盛り上がります。

0・1・2歳児には
○○になっちゃった！

『さわられちゃったら…？』と同じ歌詞で遊びます。ジャンケンはしないで、保育者の宇宙人に触られたら「ウサギになっちゃった！」とポーズを取って遊ぶだけで楽しめますよ。

コラム2 バイエルのうたあそびは、保育に役だつ！

ピアノのスキル向上に役だつ！ の巻

すてきなメロディーの曲が凝縮されているバイエルですが、練習曲として弾くだけでは、何となくやる気がしません。**でもこれが弾けたら子どもたちと遊べるんだから！**と思っただけで保育者の皆さんならやる気がモリモリわくのではないでしょうか？！

しかも、歌詞が付いているので、<u>具体的な音のイメージを持って弾くことができますので練習もしやすく効果的</u>です。ですから、保育に携わっていない人のバイエル練習にもオススメです！

第3章

ダンス、まねっこ、音あそび

全身を使ったダンスや楽しいまねっこ遊び、
身近にある音で遊ぶあそびなどをご紹介！

ダンス まねっこ 音あそび

あそびうた バイエル 21番

のしのし ゾウさん

シンプルなメロディーですが、豊かな音の表現を楽しめます。しっかりした音で弾きたくなる、ゾウさんの歌詞を付けました。大きくて優しいゾウさんのイメージで弾いてくださいね。

※歌は1オクターブ下げてうたってね

弾き方のポイント

右手の①の指で弾くときに、腕の力を抜いて手首を上に持ち上げるように弾くとソフトな音が出せます！

初心者の方へ できるようになる！
しっかりと滑らかに弾く

この曲の右手はほとんどが2分音符ですが、全部スラーが付いているので、ひとつひとつの音に腕の重さをしっかり掛けて音を出しながら、滑らかに弾く練習をしてみてください。

知っておくと便利 使える ちょこっとピアノ術

行進するのにピッタリの曲なので、劇あそびの登場シーンやイス取りゲームのBGMなどに使えます。ミに♭を付けてゆっくり弾くと悲しくトボトボ歩く感じに！

保育で使える！遊べる！遊び方バリエーション
のしのし ゾウさん

ダイナミックな活動の準備運動にも
握手しよう

子どもたちは、まねっこ遊びが大好きです。歌いながら、ゾウさんのポーズでのしのし歩き回り、出会ったゾウさんとできるだけたくさん握手をします。

子守り歌にも
すやすや　おやすみ

歌詞を変えて歌うと、子守り歌になります。

♪ すやすや　おやすみ
　 すやすや　おめめをつぶろう
　 おめめを　つぶれば
　 ほらほら　もうねむくなる

いろいろな動物などになって
どこで握手しようかな？

ゾウを「サル」「ヘビ」「ペンギン」「ロボット」などに変え、握手する場所も「おしり」「腕」「頭」などに変えてみましょう。子どもたちと「ヘビさんはどこで握手すると思う？」と話し合いながら楽しんでくださいね。

ポイント　「ゾウ」のように大きいものは、両手とも低い音でゆっくり弾き、「ネズミ」のように小さいものは、高い音で速めに弾くと、イメージにピッタリの音になりますよ。

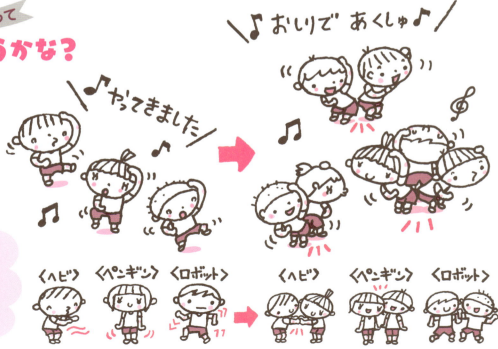

ダンス まねっこ 音あそび

あそびうた バイエル **25**番

カニ ダンス

舞踏会でワルツを踊るような気持ちで演奏してみてくださいね。横進みするギャロップを使うダンスが似合う曲なので「カニ ダンス」です！

同時に音を合わせて

よこに よこに すすむ よーー よこに よこに すすむ よー

全休符（1小節休む）

右手と急に反進行になっているので気をつけて

あいさ つのお じぎを したら くるり ひとつ まわる よ

弾き方のポイント

左手が右手の動きに反進行するところが、右手につられやすいので気をつけましょう！

初心者の方へ できるようになる！
■（全休符）に慣れる

この曲は左手に3回も ■（全休符）が使われていて、何度も弾いたり休んだりするため、初めのうちは少し忙しく感じたり、休んだあとの左手がうまく入れなくて苦労したりするかもしれません。粘り強く練習して、スムーズにリズムに乗れるようになると、音量の変化も楽しめる、エレガントなメロディーです。

知っておくと便利　使える ちょこっと ピアノ術

ミに♭を付けるととっても悲しげな曲に早変わりします。1段目のメロディーで「♪かなしいことあったよ　パジャマはいてきちゃった」などと悲しい出来事を発表し合い「♪パジャマ…」は、いろいろな出来事に変えて、なぐさめ合うと心がいやされますよ。

54

保育で使える！遊べる！遊び方バリエーション
カニダンス

ふたりペアで
優雅なカニダンス

1 向かい合わせで両手を広げてつなぎ、横にギャロップする

♪ よこに よこに すすむよ（2回）

2 右手で握手をして、2回上下に動かす

♪ あいさつの

3 握ったまま手を額まで上げ、ひざを少し曲げておじぎをし、まっすぐ立つ

♪ おじぎを したら

4 つないでいる手をそのまま、その場で1回転する

※その後、手を離して次のペアを探しに行きます。

♪ くるり ひとつ まわるよ

歌詞を変えて
ひとりダンスでクルクルクル

ポイント カニは、袋の中に入れてぐるぐる回すと、本当に前に進むんです！ ということを伝えてから遊ぶといいですね。

1 両手をハサミの形にして、ギャロップをする

♪ よこに よこに すすむよ（2回）

2 くるくる回る

※調子に乗ってスピードを出して回ると危険です。どんなふうに回ると危なくないか、気づかせてあげてくださいね。

♪ くるくると まわった あとは

3 前に進み、倒れる

♪ まえに すすみ たおれる

ダンス まねっこ 音あそび

あそびうた バイエル 35 番

不思議なおふろ

右の音の細かい音の動きがブクブクした泡みたいなので、おふろ遊びを付けてみました。この遊びがきっかけでおふろ好きになる子どもが増えるかも！？

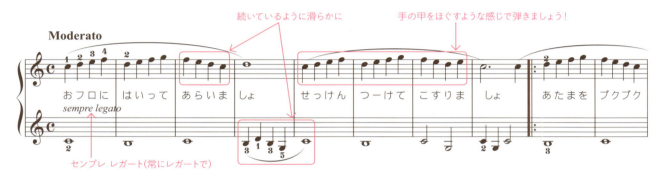

続いているように滑らかに　　手の甲をほぐすような感じで弾きましょう！

Moderato
sempre legato

おフロに　はいって　あらいま　しょ　せっけん　つーけて　こすりま　しょ　あたまを　ブクブク

センプレ レガート（常にレガートで）

おしりも　ゴシゴシ　きれいに　なったら　あらふし　ぎ　1.だんだん　さかなに　なりまし　た
　　　　　　　　　　　　　　　　　　　　　　　2.だんだん　こどもに　もどりま　す

重たい音にならないように！

弾き方のポイント

左手の③・①・③・⑤の指づかいは、少し手首の力を抜くとうまく動かせますよ！

初心者の方へ できるようになる！ 左手の③・⑤の指をスムーズに動かす

指は③の指も⑤の指も、1本動かすと④の指がいっしょに動いてしまいますよね。そのせいでこの2つの音を連続して弾くときは、少し音がモタついて音がデコボコした感じになりやすいので、この曲でしっかりと練習をしてスムーズに動かせるようにしましょう。

知っておくと便利　使える ちょこっと ピアノ術

音の動きが細かくて緩やかな上下行なので、ちょっとしたストレッチをするときのBGMに向いています。首を回したり倒したり肩を回したりアキレス腱を伸ばしたり…。ぜひ、やってみてください！

保育で使える！遊べる！遊び方バリエーション
不思議なおふろ

いろいろな泳ぎ方をしよう
魚になってスーイスイ♪

1 歌に合わせて、おふろで体を洗うしぐさをします。

2 「わーい！ 遠くまで泳ぎに行っちゃおう」と、魚のまねをしながらいろいろな泳ぎ方※を楽しみます。
※例…ジャンプ泳ぎ、背中泳ぎ、回転泳ぎ、タコ泳ぎ、ウツボ泳ぎ　など

3 疲れてきたら、「そろそろおふろに戻ろう」と声をかけ、2番の歌詞をうたって、いつもの自分に戻ります。

歌詞を変えて
だんだん何かに変わります?!

「♪だんだん　さかなに　なりました」を「♪だんだん　なにかに　かわります」に変えて楽しみます。歌に合わせて、おふろで体を洗うしぐさをみんなで楽しみ、最後に保育者が何かに変身したポーズを見せて、何になったかを当てっこします。

ポイント　「次、変身してみたい人！」と、変身する役を交代して発表し合って、当てっこすると、さらに盛り上がりますよ。

0・1・2歳児も
体を洗おう

「今度は、どこを洗う？」「おなか」「おへそ！」と、子どもたちと相談してから、歌って洗うまねっこをしましょう。

ダンス まねっこ 音あそび

森の小さな音楽会

流れるような美しいメロディーのこの曲には、音楽会の歌詞を付けてみました。じょうずに弾けるようになったら、子どもたちを森の動物たちにして音楽会を開いてくださいね！

弾き方のポイント

演奏がうまくいかないときは、肩に力が入っていたり、呼吸を止めてしまったりしていることが多いです。呼吸をしながらリラックスして！

左手の動きにつられずに右手を動かす

この曲は、左のメロディーが上行したかと思うとすぐ下行するので、パターンが読み取りにくく、つい左手に気を取られてしまいます。気長に練習をしてこの曲を乗り越えると、演奏力がきっとUPするはずです！

知っておくと便利 使えるちょこっとピアノ術

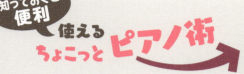

2段目からの4小節だけは流れがよくてテンポを上げやすいので、そのほかのところはゆっくり弾き、その4小節だけは急いで弾くと、「ゆっくり歩き」と「早歩き」を聞き分けて反応するリトミックごっこに使えます！

保育で使える！遊べる！ 遊び方バリエーション
森の小さな音楽会

楽器で遊ぼう
ポンポン　リンリン

「ポンポン」「リンリン」の音が出るものを探して、鳴らしながら歌います。じょうずになってきたら、音だけで演奏してみましょう。楽器だけでなく、身近な物や道具※から出る音を見つけるようにすると音への興味が広がります。

※例…皿、新聞紙、空き箱、クッション　など

体を楽器に！
リズムに合わせて

ボディー・パーカッション（手でたたいて、体の部分を鳴らすこと）で楽しんでみましょう。ひざ、おなか、手、指、口、足などを使うと、けっこういろいろな音が見つかります。

まねできるかな？
リズム打ちをしてみよう

歌いながら、「♪ポンポン　リンリン」のリズムを変えて手でひざをたたきます。「♪ポコポコポン　リハリハリリン」「♪ポポーンポン　リンリハリハリン」など好きに変えてみましょう。

※口で言うだけでも楽しめますよ。

歌詞を変えて
だれの音楽でしょう？

2段目の歌詞を変えて、「♪○○　△△　○○　△△※　これはだれの　おんがく　でしょう」と歌って、クイズをします。

※「♪○○　△△」は、「♪わんわん　にゃんにゃん（イヌとネコ）」「♪メェメェ　ブーブー（ヒツジとブタ）」「♪のしのし　パッカパッカ（ウシとウマ）」「♪ヒューヒュー　ドロドロ（風と溶けたアイス）」などにして歌います。

バイエル **48** 番

おしりボール

優雅なこの曲は、ルンルンと踊るのにピッタリな曲です。ちょっと笑える歌詞を付けたので、楽しく弾いてみてくださいね。

アレグレット(少し速めに)

スラーの終わる小節の音はていねいにそっと置くように音を出すと、より音楽的な表現になりますよ！

重たい音にならないように

左手は重たくならないように！　　右手のメロディーを輝かせるように優しく弾きましょう！

1回目は「1.」を弾きますが、リピートした2回目は「1.」は弾かずに「2.」の小節を弾きます

弾き方のポイント

「♩♪」=「♩♩♩」だということをよく理解したうえで、右手だけで正しいリズムで弾く練習を十分にしてから左のリズムと合わせましょう。ゆっくり何回も最初の4小節のリズムに指が慣れるまで弾きましょう。意識しすぎて8分音符が強くなりすぎないようにね！

初心者の方が **できるようになる！**
付点音符に慣れる

この曲でしっかり付点音符のリズムに慣れると、これから子どもたちに弾いてあげたいウキウキするようなリズムの付いたメロディー演奏に強くなれますから、がんばりましょう！

知っておくと便利　使えるちょこっとピアノ術

この曲は優雅なギャロップや乗馬ごっこのシーンにピッタリです！　また、2コードだけで構成されている曲ですので子どもたちが簡単にハーモニカで伴奏を付けることができます。左手がドミソの小節はハーモニカの中央辺りをがばっとくわえて息を吹き、シレソの小節は息を吸うだけでOK！

保育で使える！遊べる！遊び方バリエーション
おしりボール

ふたりひと組で
おしりで飛ばそう

① 手をつないでくるくる回る

② 手をつないだまま、裏返しにひっくり返る

③ おしり同士でポンポンとタッチして、ポーンと新しいペアのところに飛んで行き、ペアチェンジして繰り返し楽しむ

※このゲームのときは、楽譜の1番を飛ばして2番にいきなり行くように弾きましょう。

♪くるるん とまるよ

♪うらがえしに なれたら

♪とばそう　♪ポーン
♪おしりボール とばそう

ポイント いきなり子どもたちにやらせると、力加減やバランスの取り方がわからず、転倒してけがをしてしまう危険があります。まず、見本を見せて、どうやると危なくないか話し合い、ゆっくりやると安全に遊べますよ。

たくさんの友達と挑戦！
おしりでポーン

『おしりで飛ばそう』を少しずつ多い人数でも挑戦してみましょう。より多くの友達とやれると、自信と仲間意識が育ちます！

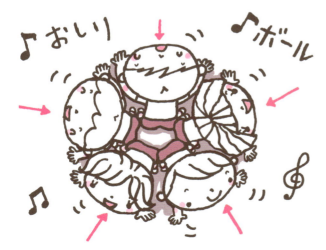
♪おしり　♪ボール

0・1・2歳児では
おしりを押したら

歌に合わせて、その場でジャンプします。「♪おしりボール とばそう」で、子どもが保育者のおしりを押すと、飛んで行ってあげましょう。

ダンス まねっこ 音あそび

CD 27 あそびうた バイエル **52** 番

はっぱのダンス

軽やかに指を転がすようすは風に吹かれてコロコロ…と踊るように舞い上がる落ち葉のようです。左手は軽く、右手は歌うように表現豊かに弾いてピアニスト気分を味わってください。

1小節を2拍子みたいに1・2・1・2（ワン・ツー・ワン・ツー）とカウントすると曲に乗りやすいですよ！

同じメロディーが3回もきて弾きやすいので暗譜に挑戦してみよう！

※歌は1オクターブ下げてうたってね

弾き方のポイント

左手は同じリズムパターンが続きますので、ひじから先をコロコロ回転させるように弾くと美しく弾けますよ！

初心者の方へ できるようになる！
両手で滑らかに演奏する
この曲は弾きにくいところがほとんどない、とっても弾きやすくて気持ちの良いメロディーの曲です。両手を滑らかに動かすと、気分はまるでピアニストです。

知っておくと便利 使える ちょこっとピアノ術

この曲はスキップ、ギャロップ、回転の動きのBGMにピッタリです。また強弱が付けやすい曲なので強く弾いたらライオンでギャロップ、弱い音で弾いたらネズミでギャロップなど強弱を聞き分けるリトミック遊びにも使えます！

保育で使える！遊べる！遊び方バリエーション
はっぱのダンス

ペアで踊ろう
くるくるダンス

1 両手を広げて手のひらを合わせ、横にギャロップをする

♪ かぜが ふけば はっぱの ダンス

2 反対向きにギャロップをする

♪ ターララン ……
おどりましょう

3 両手を腰に当て、右方向に①右足→②左足→③右足を出しながら回転して進み、最後に手を1回たたく

♪ くるくる まわり

4 左方向に❸と同じ

♪ めが まわっても

5 手をつないで、その場で回る

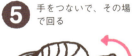

♪ ターララン ターララン

6 ハグをする

♪ また あおう

7 両手を2回タッチする

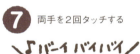

♪ バーイ バイバイ

ポイント ❸❹のターンは、3・4歳児でも難しいので、その場でただクルクル回るだけでもOKです。

人数を増やして
みんなで踊ろう

1 円形になって、反時計回りにギャロップをする

♪ かぜが ふけば
おどりましょう

2 円の外に向かって広がるようにステップをし、また元の場所にステップして戻る（『くるくるダンス』の❸❹のステップ）

♪ くるくる まわり
めが まわっても

3 手をつないで、ギャロップをする

♪ ターララン ターララン

4 手を振って、両手で横の人とタッチする

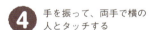

♪ また あおう
バーイ バイバイ

ダンス まねっこ 音あそび

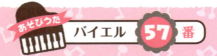

あそびうた バイエル 57 番

こっそりトレーニング！

同じリズムパターンの繰り返しがなんだかトレーニングっぽい気がしたのでこんな遊びを付けました。pになっているところは、大げさに小さく弾いて強弱表現を楽しんでみてください！

実は同じ音です

ここからはヘ音記号で表しますということ

ここだけ p です
弱いけれど芯のあるしっかりした音が理想的です

弾き方のポイント

f は指や手首を力任せにバシャバシャ振り回すように弾くのではなく、指を丸めて弾くとしっかりした音が出しやすいです。

初心者の方へ できるようになる！
ト音記号からヘ音記号に変わる楽譜に慣れる

この曲は左手の楽譜は少し変わっていて表記がト音記号からヘ音記号に変わっています。同じ音が 𝄞 と 𝄢 というようにまったく違った位置で表されていますがとまどわないで弾けるようにこの曲で十分に慣れておきましょう。

知っておくと便利 使える ちょこっとピアノ術

しっかりとした音で速めに弾く曲はプンプンした場面のBGMに使えます。「ホントにもう！！」という気分でひとつひとつの音をしっかりアタックして弾くと、気分がちょっぴりすっきりするかも！

保育で使える！遊べる！遊び方バリエーション
こっそりトレーニング！

静かに遊べる
指のトレーニング

机の上に手を置いて、歌詞に合わせて指を1本だけ動かします。次に、いろいろな指を2本セットで動かし、3本セット…と増やしていきます。どの指を動かすかで難易度が変わりますよ。

顔を動かして
眉毛のトレーニング

歌詞に合わせて、眉毛を上げ下げします。変な顔になっておもしろい！

歌詞を変えて
全身トレーニングをしよう

「♪あげて さげて」の歌詞を変えると、いろいろな部分のトレーニングができます。

※例…鼻の穴→大きく・小さく、目や口→開けて・閉じて、足や足の指→開いて・閉じて　など

ポイント だれでもやれることからだんだん難しくしていくと、みんながやりたくなりますよ。

0・1・2歳児には
ひらいて とじて

歌詞を「♪ひらいて とじて」として、手を開いたり閉じたりして楽しみます。

ダンス まねっこ 音あそび

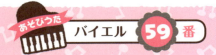
あそびうた バイエル **59**番

お化けのダンス

♩♪のリズムの曲はフワフワしたお化けにピッタリ！ 美しくレガートで弾くと、お化けがフワフワダンスする感じが出せますよ。

※歌は1オクターブ下げてうたってね

弾き方のポイント

右手のメロディーは、歌をうたうように強弱を付けて表情豊かに美しく弾きましょう！

初心者の方へ
弾けるようになる！
> アクセントを付けて弾く

この曲にはアクセントが曲を引き締めるために3回だけ使われています。小指でのアクセント付けは少し力が入れにくくて難しいかもしれませんが、曲全体とのバランスが取れるちょうどよい強さで弾きましょう。

知っておくと便利 使える ちょこっとピアノ術

本当はレガートで弾く曲ですが、1音1音を切るようにポツポツ少しゆっくり弾くと、ロボットのような音に早変わりしますよ。

保育で使える！遊べる！ 遊び方バリエーション
お化けのダンス

お化けになったつもりで
ゆるふわダンス

① ふたりで向かい合って手をつなぎ、両手をでたらめに上げたり下げたりする

♪オバケの　ダンスは　ふわふわ　ダンス

② お化けのポーズでおどけ合う

♪オバケどうし　なら

③ ブルブル震えるまねをして、手を顔の前で振る

♪こわくなんか　ないよ

④ 手で傘を作り、片足で2回ジャンプして、足を変えて2回ジャンプ

♪からかさの　すすむのさ

⑤ 腕を組んで回る

♪らんらららん　……　たのしいな

ポイント
違うパートナーとも次々と踊ってみましょう。

ジャンケンしてつながる
長いお化けになろう

ダンスは、『ゆるふわダンス』と基本的には同じです。❶はフワフワと踊りながら進み、❺はスキップに変えます。歌の終わりにジャンケン！　負けた人は後ろにつながって、そのまま前の人にくっついてフワフワ踊り、また歌の最後に先頭同士でジャンケンして…とどんどん長くなっていきます。

※つながるときは、片足跳びは少し不安定なので、両足で跳ぶようにしましょう。

ポイント
「♪らんらららん…」でつながったままスキップするのが難しいときは、ただフワフワと進むだけでOKです。

♪らんらららん　……

ダンス まねっこ 音あそび

あわてんぼうさん

ウキウキした音にピッタリの「あわてんぼうさん」というおどけた遊びを付けてみました！
重音の響きを感じながら、弾いてくださいね。

※歌は1オクターブ下げてうたってね

弾き方のポイント

手首や肩の力をできるだけ抜いて、右手の二重音の移向が柔らかく軽やかにいけるようにね！

初心者の方へ できるようになる！ 右手の二重音に慣れる

この曲で使われている二重音は①と⑤の指で弾く音ばかりなので、手首に力が入りすぎてしまったり、音が切れてしまったりしがちですが、慣れてくるとこの重音の響きが心地良く楽しめますので、ウキウキするようなメロディーに聞こえるまで、粘り強く練習してくださいね。

知っておくと便利 使える ちょこっとピアノ術

「何かが始まるよ〜！ こっちに注目！！」というときにこの曲は使えますよ。上の一段だけでバッチリです！ファンファーレみたいな感じで立派に弾きましょう！

保育で使える！遊べる！遊び方バリエーション
あわてんぼうさん

朝することを考えて
あ！ 忘れた！

1 両手を上げて、伸びをする
♪あさ おきたら

2 顔を洗うしぐさをして、歯みがきのしぐさをする
♪かおあらい はみがき

3 右手と左手のひとさし指を入れ替えて出す
♪そんなこと あたりまえさ

4 ごはんを食べるしぐさをする
♪ごはん たべて

5 ガッツポーズをする
♪トイレ すませ

ポイント
帽子かぶるのを忘れた！ お弁当持ってくるのを忘れた。マフラー忘れた！ カバンを…など、日常で忘れそうなものから、「パンツ」や「入れ歯」など、ありそうもないものもおもしろいですよ。

6 円を描くようにおなかをなでる
♪すっきりしたら

7 こぶしを振り上げる
♪でかけます

8 走って出かけるふりをして、ごそごそと○○を探すふりをする
♪（音を止めて、「いってきまーす！ あ、○○を忘れた！」と言う）

9 走るふりをする
♪いえに もどり

10 ○○を取るしぐさをする
♪○○を とって じゅんび できたら

11 こぶしを振り上げる
♪でかけます

準備を忘れずに
○○の前に

朝起きる以外に、「夜寝る前〜」「お料理の前〜」など違うシチュエーションで遊ぶとまた楽しいですよ。

夜寝る前編
♪よる ねるまえ ふくぬいで はみがき
そんなこと あたりまえさ
おふろ はいり トイレ すませ
さっぱりしたら ねむりましょ♪
「あ！ おもちゃ出しっぱなし！」
「あ！ おふろのふた開けっぱなし！」など

69

ダンス まねっこ 音あそび

歩きましょ♥

途中で曲の感じが変わるところを楽しめるような遊びを付けてみました。1人ぼっちより2人がいいよ！ っていうメッセージが込めてあります！！

16分音符の連続で指がもつれやすいので気をつけて！

指を①に変えるのがうまく弾くポイントですよ！

臨時記号の#はうっかり見落とさないように！

弾き方のポイント

16分音符は、音のリズムができるだけ崩れないように音の粒をそろえるつもりで弾きましょう。

初心者の方へ できるようになる！
16分音の演奏に慣れる

♪16分音符が並んでいると音がいっぱいで難しい曲のような気がしますよね。でも慣れてしまえばだいじょうぶ！ 少し長い曲ですが同じリズムパターンが繰り返されていますから、見かけほど難しくないはず！

知っておくと便利 使える ちょこっとピアノ術

最初の4小節を繰り返すだけで「不思議」とか「ちょっと不気味…」という感じを出すことができますよ！

保育で使える！遊べる！遊び方バリエーション
歩きましょ♥

相手をたくさん見つけよう
出会って別れて

① 前に歩く

♪あるきましょ……
　ひとりで　あるきましょ

② 後ろ向きに歩きながら、出会う相手を探す

♪うしろにも……
　あぶないけど

③ 両手を握って上下に振る

♪ともだちと　であえたら

④ ハグをする

♪らららららららら
　うれしいな

⑤ ③と同じ

♪おわかれを　するまえに

⑥ 手をつないだまま、1回転して手を離す（また歩いて相手を探す）

♪くるりと　まわりましょ

ポイント　Allegrettoの曲ですが、遊ぶときはテンポをゆっくりにしたほうが安全にじっくり遊べますよ。何度も繰り返し遊びましょう。

歌詞を変えて
いろいろ歩き

『出会って別れて』の「♪あるきましょ　あるきましょ」を「♪はやあしで　あるきましょ」※などと、変化を付けた進み方にして楽しみます。

※例…♪忍び足　忍び足、♪けんけんで　進みましょ、♪泳ぎましょ　泳ぎましょ、♪踊りましょ　踊りましょ、♪乗りましょう　乗りましょう　など

♪しのびあし

0・1・2歳児には
○○しましょ

最初の4小節だけを使って遊びます。「♪あらいましょ」などと歌詞を変え、まねっこ遊びを工夫してみてください。

※「♪ひとりで」は、「♪みんなで」に変えてもOKです。

♪あらいましょ

コラム3 バイエルのうたあそびは、保育に役だつ！

子どもの成長に役だつ！の巻

うたあそびは、子どもをリラックスさせ、楽しい気持ちにし、心身を解放する力があるので、表現力や感性を引き出すのに、有効なツールです。また、「遊びたい」という思いが、聴く力や集中力、記憶力などを高めてくれます。もちろん、たくさん体も使うので、バランス感覚などの身体能力も高めます。

しかも！ そのうたあそびのメロディーがバイエルなので、遊びながらリズム感や音感も育つことまちがいなしです。

子どもたちは、このうたあそびで遊びながら、生きるために必要な力をいっぱい身につけ、伸ばしていくことでしょう。

おまけ

ちょこっと うたあそび

2小節か4小節のとーっても短い曲で遊びましょう！
ちょっとした時間にも楽しめますよ。

バイエル 8番 捕まえられるかな？！ ぶんぶん ミツバチ

CD 32 / サービストラック CD-49

ぶんぶん みつばち みつさがしてる

ツボ役とミツバチ役を決めます。ツボ役は、手を丸めて蜜の壺を作ります。ハチ役は、ひとさし指をミツバチに見たて、壺に指を突っ込んですぐに抜きます。ツボ役は、ハチが壺に入ったら、キュッと手を握ります。捕まえられるかどうか、ワクワクドキドキ。壺は片手でも両手でもOK！

♪さがしてる〜♪

バイエル 11番 まねっこしよう あけますよ

CD 33 / サービストラック CD-50

トン トン あけますよ

振りを付けて歌い、最後に「ジャン！」と言って、鬼（保育者など）が変な顔をします。子どもたちは、その顔をまねっこします。たまに、「ジャン！」ではなく、「バア！」と言います。そのときは、みんなワーっと逃げて、鬼が追いかけ、捕まった子が次の鬼になります。

トントン → あけますよ → ジャン！

バア！

 **変身して楽しもう！ だれでしょう** CD 34 サービストラック CD-51

ジェスチャーゲームです。「歌いながら手拍子してくれたら、何かに変身するから当ててね」と言って、保育者は子どもたちといっしょに歌い、最後に「ジャン！」と言って何かに変身します。

ポイント 動物、お化けなどに変身してもいいですが、お仕事シリーズ（消防士さん、美容師さん、お寿司屋さん　など）に変身しても楽しいです。「お絵描きが好きで、お団子が大好きな男の子です」などと言葉でヒントを出しつつ、お友達に変身してもいいですね。

 連想遊び みつけよう！ CD 35 サービストラック CD-52

歌をうたって、次々に赤いものを思い出して言い合いっこして楽しみます。順番に言ったり、「♪みつけよう」の「よう」のところで保育者に指さしてもらった子が言う、というルールにしても！

ポイント 「♪あかいもの」の部分は、「♪まるいもの」「♪かたいもの」「♪おおきいもの」「♪うみのもの」「♪ひかるもの」といろいろな言葉に変えて楽しみましょう。

 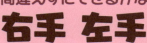

バイエル 37番 間違えずにできるかな？ 右手 左手　CD 36　サービストラック CD-53

指示を聞いて反応する遊びです。「♪みぎてを あげます」「♪みぎてを あげない」など、わざと最後だけ変えて歌うと楽しいです。右手だけでなく、左手も混ぜて、「ひらいて※」など「あげます」以外の言葉を入れてもいいですね。

※例：「ふります」「1にして」「おろす」「キツネにして」

ポイント ひとしきり遊んだ最後に、「♪りょうてを ひざのうえ」などと歌うと、集会の前などにも使えます。

バイエル 39番 よーく聞いて すやすや ねむろ　CD 37　サービストラック CD-54

このフレーズを歌って、子どもたちは寝たふりをします。すると、保育者が「お〜、お化け！」とか「お〜、オニ！」と言い、子どもたちは起きて逃げ、保育者が追いかけます。ただし、「お〜」のあとは「お」の付く言葉なら何でもいいので、「おにぎり」→食べるまね※、などよく聞いて反応しましょう。いくつか繰り返したあとに、「お化け」や「オニ」と言うといっそう盛り上がりますよ。

※例：おどり→踊る、オルゴール→聞くまね、おしり→おしりを触る　など

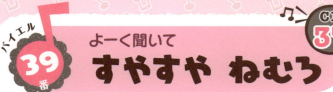

バイエル 77番 つられないように
うー どこでしょう！？

CD 38　サービストラック CD-55

歌詞の○○○のところに保育者が体の部分の名前を入れて歌いながら触るのをまねっこします。慣れてきたら、「わざと違うところを触るから、みんなは歌を聞いて正解のところを触るんだよ。つられたらアウト！」というルールにすると楽しいゲームになります。

バイエル 83番 0・1・2歳児におすすめ！
いたずら こびと

CD 39　サービストラック CD-56

子どもの腕を取り、保育者はひとさし指と中指の2本を「こびと」の足に見たてて歌いながら、手首から肩かわきぐらいまで進みます。最後に「チクッ」とつついたり、「つねっ」とつねったり、小人のいたずらをします。ちょっとしたすき間時間やスキンシップにピッタリ！

※いたずら例：「あ〜」と言って滑り落ちる、「ぶ〜ん」と言ってどこかに飛んで行く、「こちょ」と言ってくすぐる　など

バイエル 88番 発表にピッタリ
きいてみよう♪

CD 40　サービストラック CD-57

この曲は、インタビュー遊びを楽しむのにおすすめです。手拍子をしながら○○にインタビューしたいこと※を入れてみんなで歌い、だれかにマイクに見たてたグーにした手を差し出して、発表させてあげます。

※例：○○ちゃんの好きなもの、宝物、朝食べたもの、将来の夢　など

リラックスさせたいときに
おちる おちる

CD 41 　サービストラック CD-58

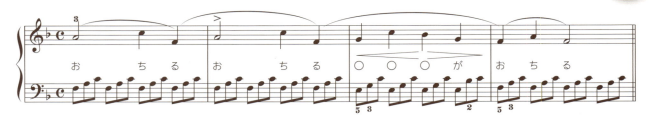

何かが落ちるときは、おもしろい音がしたりおもしろいかっこうになったりしますよね。この遊びは、○○○に変身※し、それが落ちるようすをまねっこして楽しみます。

※例：サル→「キャッキャ」と言って転がる、葉っぱ→「ひらひら〜」と言って両手を広げて回る、ネコ→「くるんくるん　はっ！」と言ってくるくる回って着地のポーズ　など

顔の体操に
おかおで じゃんけん

CD 42 　サービストラック CD-59

顔の前で両手をパーにして、顔を出したり隠したりしながら歌をうたいます。「♪けん」のところで顔をパッと出し、ジャンケンをします。

すばやく動こう
号令ゲーム

CD 43 　サービストラック CD-60

歌ったあと、「立って」「座って」※などと号令を言われると、そのとおりに動くゲームです。「♪みんなで」を「♪男の子」「♪女の子」「♪長ズボン」「♪元気な子」などに変えるとドキドキワクワク感が高まります。

※例：おじぎ、ダンス、笑って、拍手、ドスコイおすもうさん　など

ポイント たくさんのクラスが集まったときは、「○○組さん」「年長さん」などにしてみてもいいですね。